Ideen fürs Kinderzimmer

Monika Gänsler

Das Kinderzimmer, ein Königreich.

Kinder lieben ihr eigenes, kleines Reich. Sie fühlen sich geborgen und können hier Ihre Persönlichkeit entwickeln. Gestalten Sie das Kinderzimmer mit kreativen Ideen. So werden Kinderträume wahr!

M

Ein Kinderzimmer mit lauter schönen, selbst gemachten Bastelideen: Wir zeigen Ihnen in diesem Buch kreative Ideen rund ums Kinderzimmer. Dabei sind Ideen fürs Baby, das Kleinkind und natürlich für das Schulkind. Die Bastelarbeiten sind einfach und in maximal einer Stunde (Trockenzeit nicht einberechnet) nachzuarbeiten. Viel Spaß beim Basteln für Ihr und mit Ihrem Kind!

So wird's gemacht

MATERIALIEN,

die in Ihrem Haushalt vorhanden sein sollten. Diese Materialien sind nicht in den einzelnen Materiallisten aufgeführt.

- Dünne Pappe für Schablonen
- Mittelgroße, spitze Schere
- Kleine, spitze, halbrunde Nagelschere
- Lochzange
- Bürolocher (zum Ausstanzen der Augen und der Wangenflecke)
- Bleistift/Buntstift, rot
- UHU Alleskleber Kraft
- Klebefilm/doppelseitiges Klebeband
- Breiter Borstenpinsel/Stupfpinsel
- Schmaler Pinsel
- Dünner Stift, schwarz und weiß
- Wattestäbchen
- Nähnadel
- Heißklebepistole
- Reiniger für Pinsel und Schablonen

VORLAGEN UND INNENLINIEN ÜBERTRAGEN

Das Transparentpapier auf die gewünschte Motivvorlage legen und alle Teile einzeln abzeichnen. Abgepaustes Papier auf dünne Pappe kleben und alle Teile ausschneiden – fertig sind die Schablonen. Diese auf den passenden Tonkarton bzw. Moosgummi legen und die Umrisse mit einem Bleistift genau nachfahren. Dann die einzelnen Motivteile ausschneiden und gemäß Anleitungstext und Abbildung zusammenfügen. Die Innenlinien werden mit einem schwarzen Stift ergänzt. Für die Innenlinien das Motiv von der Vorlage auf Transparentpapier abpausen und auf der Rückseite die Innenlinien mit einem Bleistift nachziehen. Nun das Transparentpapier auf das Motiv legen und die Linien nochmals nachziehen. So überträgt sich der auf der Rückseite haftende Bleistiftgraphit auf das Bild. Jetzt können die Linien mit dem schwarzen Stift nachgezogen werden.

SCHABLONIEREN

Schablonierfarben sind pastöse, hochdeckende und untereinander mischbare Farben. Im offenen Zustand bildet sich eine Haut, die vor Gebrauch der Farbe mithilfe eines Stäbchens entfernt werden sollte. Die Schablone mit wieder ablösbarem Klebefilm auf dem Papier fixieren und die Schablonierfarbe dann sehr dünn mit einem Stupfpinsel auftupfen. Anschließend die Schablone vorsichtig abnehmen und alles gut trocknen lassen.

SERVIETTENTECHNIK

Generell wird für die Serviettentechnik nur die oberste Lage der Serviette benutzt. Es kann das komplette Motiv oder aber auch nur ein bestimmter Ausschnitt verwendet werden. Die Serviette kann zugeschnitten oder gerissen werden. Das Objekt mit Bastelfarbe grundieren, alles trocknen lassen und die Stelle, auf die die Serviette geklebt werden soll, mit Serviettenkleber bestreichen. Die Serviette vorsichtig auflegen und mit einem Pinsel von innen nach außen feststreichen. Nun eine weitere Schicht Kleber auftragen.

ZUSAMMENSETZEN EINES MOBILES

Bevor die einzelnen Teile angehängt werden, bitte jedes Teil ausbalancieren. Das Teil an dieser Stelle mit Nadel und Faden durchstehen. Die Stäbchen und Teile gemäß der jeweiligen Abbildung auf einem Tisch ausbreiten. Die Motivteile rechts und links an das Ende des entsprechenden Stäbchens anknoten. Wird an ein Teil ein weiteres Teil angeknotet, so geschieht dies natürlich auch vor dem Ausbalancieren. Ganz zum Schluss wird der Aufhängefaden angeknotet. Jetzt kann das komplette Mobile aufgehängt und ganz langsam ausbalanciert werden. Beim Ausbalancieren von unten nach oben durcharbeiten. Befinden sich alle Stäbe in der Waage, so werden die Fäden mit Flüssigkleber an den Holzstäben fixiert.

Dose in Pastell

BASTELZEIT
50 Minuten

MATERIAL
- Spandose, oval, 9 cm x 12 cm, 5 cm hoch
- Bastelfarbe, pfirsich
- Schablonierfarbe, apfelgrün und flaschengrün
- Schleifenband, 2,5 cm breit, 30 cm lang
- Malschablone, Schmetterlinge

1. Schachtel mit Bastelfarbe „pfirsich" anmalen.

2. Schmetterling auf den Dosendeckel schablonieren (s. Seite 5).

3. Aus dem Schleifenband eine Schleife binden und mit Klebstoff auf dem Deckel der Spandose gemäß der Abbildung fixieren.

Tipp

Die Dose eignet sich wunderbar für allerlei Krimskrams. Stellen Sie sich die Dose auf den Wickeltisch und benützen Sie sie als Aufbewahrung für Wattestäbchen.

Ideal auch als Aufbewahrungsort für die erste Locke Ihres kleinen Lieblings.

Tapete „Wilde Tiere"

BASTELZEIT
50 Minuten
für einmalige Schablone

MATERIAL
- Schablonierfarbe, indigo, goldgelb und burgund
- Malschablone, Jungle Friends

1. Schablone auf dem Untergrund mit ablösbarem Klebefilm fixieren.

2. Mit den Schablonierfarben gestalten (s. Seite 5). Dazu erst die helleren Farben der einzelnen Tiere aufbringen. Danach den Pinsel mit der dunkleren Farbe benetzen und die Stellen nochmals betupfen, die dunkler werden sollen.

3. Schablone und Pinsel gleich reinigen.

Tipp

Einfache Tapeten und einfarbige Raufasertapeten lassen sich so prima gestalten. Malen Sie z. B. eine Bordüre im Kinderzimmer.
Im Bastelfachhandel gibt es eine Vielzahl an Schablonen zur Auswahl.

Schmusebärchen

BASTELZEIT
40 Minuten pro Bär

MATERIAL
- Tonkarton in A5, hellblau, rosa oder mint
- Tonkartonreste, elfenbein und dunkelbraun
- Regenbogen-Transparentpapier-rest

VORLAGE SEITE 41

1. Die Tonkartonteile ausschneiden und laut Vorlage zusammenfügen.

2. Das Gesicht und die Innenlinien mit einem feinen Stift in Weiß bzw. Schwarz ergänzen. Die Wangen mit einem Buntstift röten.

3. Das ausgeschnittene Herz mit Regenbogentransparentpapier hinterkleben.

Tipp

Durch das transparente Herz brechen sich die Sonnenstrahlen ganz wunderbar.

Soll ein Bär in die andere Richtung schauen, arbeiten Sie die Vorlage einfach spiegelverkehrt.

MORITZ
AMELIE

Süße Namenskette

BASTELZEIT
40 Minuten pro Namensschild

MATERIAL
- Tonkartonreste, hellblau oder rosa
- Tonkartonbuchstaben, blau oder violett
- Satinband, blau oder pink, 3 mm breit, Länge nach Bedarf
- Glasperlen, weiß, ø 5 mm

VORLAGE SEITE 40

1. Die Tonkartonherzchen gemäß der Vorlage ausschneiden und lochen. Für jeden Buchstaben ein Herz.

2. Die Buchstaben unten am Herz ankleben.

3. Herzen und Glasperlen gemäß Abbildung auffädeln. Die Glasperlen in die Mitte des Herzens rücken.

Tipp

Sie mögen die klassischen Babyfarben Rosa und Blau nicht so gern? Dann arbeiten Sie die Namenskette doch einfach in Gelb oder Grün. Toll sehen auch bunte Herzen aus.

Die Namenskette können Sie an die Zimmertür als Türschild hängen. Aber auch über dem Bettchen Ihres Babys sieht sie wunderschön aus.

Herzchen-Mobile

BASTELZEIT
45 Minuten

MATERIAL
- Tonkartonrest, pink und rosa
- Satinband, rosa, 3 mm breit, 80 cm lang
- 3 Holzperlen, rosa, ø 6 mm
- 5 Holzperlen, weiß, ø 6 mm
- Transparentband, weiß, 2,5 cm breit, 80 cm lang

VORLAGE SEITE 40

1. Die Herzen aus Tonkarton arbeiten. Das kleine rosa Herz gemäß Abbildung auf das große Herz in Pink kleben.

2. Das Satinband durch die Öse einer Nähnadel stecken, mithilfe der Nadel die Holzperlen auffädeln. Das Satinband durch das ausgestanzte Aufhängeloch führen und auf dem Rückweg wieder durch die Bohrungen der Holzperlen und das vorgestanzte Loch des Herzens führen und verknoten.

3. Aus dem Band eine Schleife binden und mit Klebstoff am großen Herz fixieren.

Tipp

Das Mobile eignet sich prima als kleines Mitbringsel für ein Neugeborenes. Schreiben Sie auf das kleine helle Herz den Namen des neuen Erdenbürgers und beschriften Sie die Rückseite des großen Herzen mit einem netten Wunsch.

Für einen Jungen können Sie das Mobile aus Tonkarton in Hell- und Dunkelblau arbeiten.

Marienkäferparade

BASTELZEIT
40 Minuten pro Käfer

MATERIAL
- Tonkartonreste, hautfarbe, rot und schwarz
- Baumwollkordel, schwarz, ø 1 mm, pro Käfer ca. 8 cm lang

VORLAGE SEITE 47

1. Alle Teile aus Tonkarton laut Vorlage ausschneiden und die Teile gemäß Abbildung zusammenkleben.

2. Die Punkte vom Marienkäfer und das Gesicht mit einem schwarzen Filzstift aufmalen. Mit einem weißen Stift die Lichtreflexe in das Auge und auf die Nase zeichnen. Die Wange mit einem Buntstift röten.

3. Ein Stück Baumwollkordel von 4 cm mit einem Knoten versehen und als Fühler fixieren. Den zweiten Fühler genauso arbeiten.

Tipp

Die Vorlage zu diesem Modell ist so gearbeitet, dass Sie die Marienkäfer auch aufstellen können, z. B. auf das Fensterbrett. Zum Hinstellen die Marienkäfer mit Standfläche arbeiten und die Knickkante mit einer Nadel anritzen.

Mini-Spielzeugkiste

BASTELZEIT
60 Minuten

MATERIAL

- Holzkästchen mit Verschluss, 15 cm x 15 cm
- Bastelfarbe, elfenbein
- Serviette, Bär-Motiv
- Serviettenkleber
- Tonkartonreste, gelb, hellgrün und hellblau
- Schablonierfarbe, apfelgrün
- Motivlocher, Schmetterling

1. Das Holzkästchen in Elfenbein bemalen. Nach dem Trocknen die Serviette ausschneiden, die oberste Serviettenschicht vorsichtig lösen.

2. Diese Schicht mit Serviettenkleber auf dem Deckel des Kästchens fixieren (s. Seite 5).

3. Den unteren Kästchenbereich mit Schablonierfarbe betupfen und kleine Schmetterlinge, die mit dem Motivlocher ausgestanzt wurden, ankleben.

Tipp

Im Fachhandel gibt es viele Servietten mit Kinder-Motiven. Ebenfalls gibt es eine Vielzahl an Motivlochern. Lassen Sie sich inspirieren!

Klingende Schäfchenträume

BASTELZEIT
60 Minuten

MATERIAL
- Tonkartonreste, elfenbein und hautfarbe
- 5 Klangstäbe, grün, 14 cm lang, hohl, eloxiert
- Satinband, dunkelgrün, 3 mm breit, ca. 70 cm lang
- Evtl. Nähgarn, weiß

VORLAGE SEITE 42

1. Alle Teile aus Tonkarton laut Vorlage ausschneiden, die Fellpunkte mit einem Bürolocher ausstanzen.

2. Die Teile gemäß Abbildung zusammenkleben und das Gesicht aufmalen. In die Augen einen Lichtreflex mit weißem Stift setzen. Nase und Wangen mit einem Buntstift röten. Auch die Ohren etwas schattieren.

3. Aus dem grünen Satinband eine Schleife binden und gemäß Abbildung am Schäfchen fixieren. Das Satinband ebenfalls als Aufhängung verwenden.

Tipp

Sie können das Schäfchen als Fensterbild verwenden oder ein Klangspiel daraus machen. Für das Klangspiel am Körper unten mit einer Lochzange fünf Löcher ausstanzen und die Klangstäbe festknoten.

Hallihallo!

BASTELZEIT
40 Minuten

MATERIAL
- Tonkarton, hellbraun, 20 cm x 20 cm
- Tonkartonreste, schwarz und hautfarbe
- Paketschnur, ø 2,5 mm

VORLAGE SEITE 43

1. Die Tonkartonteile ausschneiden und gemäß Vorlage und Abbildung zusammenfügen.

2. Das Gesicht aufmalen und Lichtreflexe auf Nase und Augen mit weißem Stift aufbringen.

3. Paketschnur aufzwirbeln und fixieren.

Tipp

Suchen Sie die Ecken im Kinderzimmer. Das lustige Eck-Bild passt in jeden rechten Winkel. So können Sie das Fenster, ein Regal oder auch eine Kommode nett verzieren.

Putziger Lampenschirm

BASTELZEIT
60 Minuten

MATERIAL

- Tonkartonreste, hautfarbe, rot und hellblau
- Pompons, schwarz, ø 7 mm
- Nähgarn, schwarz
- Schablonierfarbe, apfelgrün
- Lampenschirm

VORLAGE SEITE 46

1. Die Tonkartonteile ausschneiden und zusammenfügen.

2. Das Gesicht anmalen. Für die Lichtreflexe einen weißen Stift benutzen. Die Pompons fixieren und die Fühler aus Nähgarn ankleben.

3. Den Lampenschirm am unteren Rand mit Schablonierfarbe betupfen und die kleinen Marienkäfer und die Wolken fixieren.

Tipp

Versüßen Sie Ihrem Kind das Träumen in der Nacht. Mit dieser liebevoll gemachten Lampe fällt das Einschlafen noch viel leichter.

Löffelkerlchen

BASTELZEIT
60 Minuten pro Löffel

MATERIAL
- Holzlöffel, rund, 32 cm lang
- Tonkartonreste, dunkelblau, rot und hautfarbe
- Moosgummibuchstaben, 3 cm groß
- Satinband, gelb oder grün, 1 cm breit, je 30 cm lang
- Bastelbast, natur
- Nähgarn, dunkelgrün
- Bastelfarbe, zartblau, hautfarbe und ultramarinblau

VORLAGE SEITE 48

1. Den Löffel laut Abbildung anmalen, das Gesicht ergänzen. Die Nase mit einem Buntstift röten.

2. Alle Tonkartonteile ankleben. Die Wangen sind mit einem Locher aus rotem Tonkarton gestanzt. Die Buchstaben entlang des Löffelstiels fixieren.

3. Mit Nähgarn umwickeltes Bastbündel ankleben und das Satinband als Schal umbinden.

Tipp

Wenn der Name Ihres Kindes zu lang ist, benutzen Sie doch einen Kosenamen oder einfach nur den Anfangsbuchstaben.

LEON
MARIE

Freche Schildkröten

BASTELZEIT
60 Minuten

MATERIAL
- Tonkartonreste, hellgrün, rot, orange, dunkelblau, grün und sonnengelb
- Mobilestäbchen, Holz
- Nähgarn, grün

VORLAGE SEITE 47

1. Die Tonkartonteile ausschneiden und laut Vorlage zusammenfügen.

2. Das Gesicht anmalen, den Lichtreflex im Auge mit einem weißen Stift anbringen und die Wangen mit einem Buntstift röten.

3. Die Schildkröten an Nähgarn hängen und das Mobile zusammenfügen.

Tipp

Das Mobile sieht schöner aus, wenn Sie es beidseitig arbeiten. Dafür müssen Sie die Füße viermal und den Panzer der Schildkröte zweimal ausschneiden. Planen Sie hierfür etwas mehr Zeit ein.

Für das Ausbalancieren des Mobiles achten Sie auf die Erklärung auf Seite 5.

Squaw und Seemann

BASTELZEIT
60 Minuten pro Motiv

MATERIAL
- Tonkartonreste, hautfarbe, rot, schwarz, grau, dunkelblau, braun, hellbraun und blau-weiß gestreift
- Bastelfarbe, olivgrün und zartblau
- Knopf, rot, ø 1,5 cm
- Rundholz, ø 4 mm, 7 cm lang
- Holzrad, ø 5,5 cm, ø 4 mm gebohrt, 1 cm stark
- Nähgarn, grün
- Feder, gelb

VORLAGE SEITE 45

1. Die Tonkartonteile ausschneiden und nach Abbildung zusammenkleben. Das Gesicht und die Innenlinien mit einem dünnen, schwarzen Stift, einem roten Buntstift und einem dünnen, weißen Stift aufmalen.

2. Feder und Knopf fixieren. Vorher etwas Nähgarn durch die Knopflöcher fädeln.

3. Rundholz und Holzrad mit Bastelfarbe anmalen und zusammenstecken. Die fertiggestellten Figuren am Rundholz festkleben.

Tipp

Sagen Sie „Viel Glück“ mit diesen Figuren. Sie eignen Sich bestens als Glückbringer für die Schule.

Schafft Ordnung!

BASTELZEIT
45 Minuten

MATERIAL
- Rosentopf, ø 9 cm
- Bastelfarbe, ultramarinblau und mittelgelb
- Moosgummizahlen, 2 cm groß

1. Den Rosentopf blau anmalen.
2. Den Topfrand gelb bemalen.
3. Nach dem Trocknen der Farbe bunte Moosgummizahlen gemäß der Abbildung fixieren.

Tipp

Sie sollten die Moosgummizahlen öfter mal festdrücken, bis der Klebstoff vollständig getrocknet ist.

Nicht stören!
Bitte Ruhe!

Nicht stören!

BASTELZEIT
50 Minuten

MATERIAL

- Tonkartonreste, hellblau, elfenbein und rosa
- Satinband, dunkelgrün, 3 mm breit, 18 cm lang
- Pompon, schwarz, ø 7 mm

VORLAGE SEITE 47

1. Die Tonkartonteile ausschneiden und nach Abbildung zusammenkleben.

2. Das Gesicht und den Schriftzug ergänzen. Die Ohren mit Buntstift schattieren und leicht nach vorne biegen.

3. Die gebundene Schleife und den Pompon als Nase fixieren.

Tipp

Achten Sie darauf, welchen Anschlag die Tür hat, evtl. das Motiv spiegelverkehrt arbeiten.

Bitte Ruhe!

BASTELZEIT
50 Minuten

MATERIAL

- Tonkartonreste, anthrazit, orange, sonnengelb und dunkelgrün
- Nähgarn, grün

VORLAGE SEITE 46

1. Alle Teile aus Tonkarton ausschneiden. Die Teile laut Vorlage zusammenfügen.

2. Das Gesicht, die Innenlinien und den Schriftzug ergänzen.

3. Das fertige Herz mit Nähgarn unter den Flügel hängen.

Tipp

Bei der Eule können Sie das Herz auch auf der anderen Seite beschriften und hier z. B. Gäste willkommen heißen.

Kleine Naschkatze

BASTELZEIT
45 Minuten

MATERIAL
- Pappschachtel, ø 8 cm
- Bastelfarbe, hellgrün und ultramarinblau
- Moosgummi-Zootiere, 3 cm - 7 cm groß

1. Den Deckel ultramarinblau bemalen.
2. Die Schachtel hellgrün anmalen.
3. Die Moosgummitiere gemäß der Abbildung auf der Dose fixieren. Dabei die Tiere öfter festdrücken, bis der Klebstoff trocken ist.

Tipp

Für süße Naschkatzen das richtige Geschenk. Sie können hier aber auch allerlei Krimskrams aufbewahren. Ebenfalls als Schmuckdose bestens geeignet.

Nicht vergessen!

BASTELZEIT
60 Minuten

MATERIAL

- Magnettafel, 33 cm x 42 cm
- Evtl. matter Acryllack, blau
- Moosgummireste, weiß, schwarz und gelb, 2 mm stark
- 6 Scheibenmagnete, ø 20 mm, 4,5 mm stark
- 3 Pompons, rot, ø 7 mm

VORLAGE SEITE 44

1. Moosgummiteile gemäß der Vorlage ausschneiden. Die Gesichter und Innenlinien mit feinem Stift in Weiß bzw. Schwarz ergänzen.

2. Die Wangen der Gespenster und des Mondes röten. Dazu etwas Farbe von der Buntstiftspitze schaben und mit einem Wattestäbchen im Gesicht verreiben. Die Pompons fixieren.

3. Jedes Teil mit einem Scheibenmagneten auf der Rückseite bekleben.

Tipp

Sie können statt der Scheibenmagnete auch Magnetfolie benützen. Die Magnetfolie lässt sich individuell dem Motiv entsprechend mit einer Schere zuschneiden, z. B. für kleine oder längliche Motive.

Wenn Sie die Magnettafel noch mit blauem Acryllack lackieren möchten, müssen Sie zusätzlich etwas Zeit einrechnen.

Turnbeutel nicht vergessen!
Dienstag
Mittwoch
Mathe
Erdkunde
Sport
Deutsch
Englisch
Religion
Geschichte
Tag für Tag günstiger
MAXX
CINEMAXX

SEITE 13

Süße Namenskette

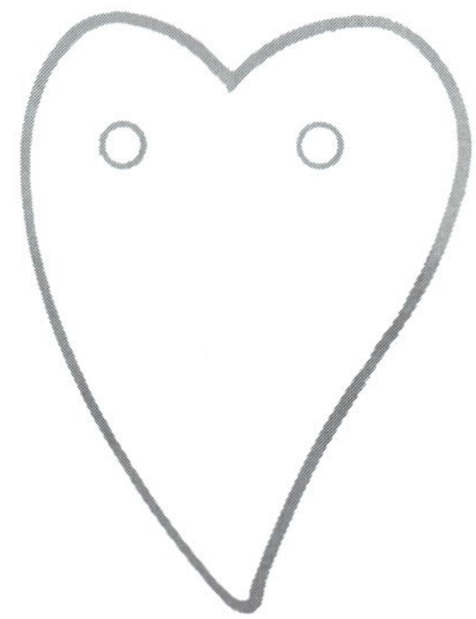

SEITE 14

Herzchen-Mobile

◆ SEITE 23

Hallihallo!

SEITE 38

Nicht vergessen!

◆ **SEITE 30**

Squaw und Seemann

SEITE 24

Putziger Lampenschirm

Fixierstellen der Nähgarnstücke

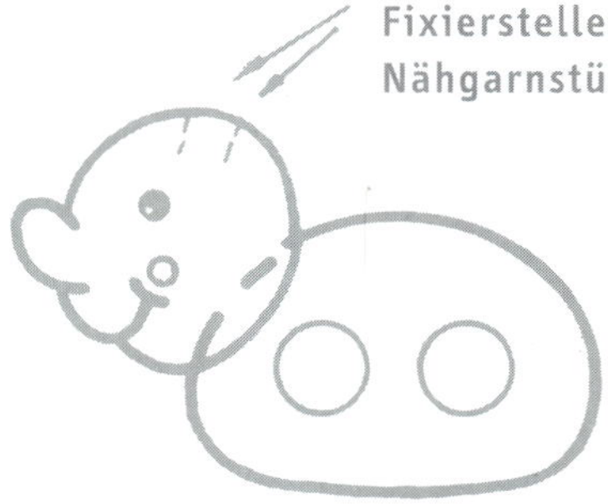

SEITE 35

Bitte Ruhe!